Annika Zimmermann

3 AM QUESTIONS

Fragen für 3 Uhr nachts

333 existenzielle Fragen für anregende Gespräche, persönliches Wachstum und Selbstreflexion

YES

Wichtiger Hinweis

Dieses Buch enthält Fragen zu sensiblen Themen. Für bestimmte Personen kann dies ein Auslöser für negative Emotionen oder Gedanken sein.

Originalausgabe
1. Auflage 2022

Türkenstraße 89, 80799 München
info@yes-publishing.de

Übersetzung: Max Limper
Umschlagabbildung: Kaye Jorga
Satz: Satzwerk Huber, Germering
Druck: CPI books GmbH, Leck
Printed in Germany

ISBN Print 978-3-96905-148-1
E-Book (EPUB, Mobi) 978-3-96905-150-4
E-Book (PDF) 978-3-96905-149-8

Für Emily

Inhalt

Vorwort

Menschen stellen sich täglich Fragen. Wenige davon werden beantwortet, manche nie. Fragen sind manchmal so schwierig oder komplex, dass sie keine Antwort zu haben scheinen. Sie werden wieder und wieder gestellt, aber niemand weiß je eine Antwort. Wie auch?

Es gibt außerdem Fragen, die man einfach nicht beantworten will. Solche Fragen können Unbehagen hervorrufen oder an Situationen oder Gefühle erinnern, die man lieber vergessen würde. Also geht man der Frage und der Antwort aus dem Weg. Aber vor allem bleiben die meisten unserer Fragen unbeantwortet, weil wir sie nie aussprechen.

Auch mir kommen jeden Tag mehr und mehr Fragen in den Sinn. Einige dieser Fragen sind meine ständigen Begleiter, und zwar schon seit Jahren. Ab und zu meine ich endlich eine Antwort gefunden zu haben, bis diese sich doch verflüchtigt und ihre Erscheinung verändert, so wie auch ich mich mit den Jahren verändert habe. Die Antworten auf diese Fragen ändern sich im Laufe des Lebens im Einklang mit meinen Werten, meiner Einstellung und meiner Haltung. Was bleibt, ist, dass ich keine definitive Antwort auf alle Fragen habe und auch nie haben werde – was irgendwie einschüchternd ist. Ich werde mich wohl damit abfinden müssen.

Trotzdem finde ich es wichtig, sich Fragen zu stellen. Egal, ob man sie mit einem Vertrauten bespricht oder um 3 Uhr nachts wachliegt und darüber nachdenkt – eigentlich geht es darum, sich mit diesen Fragen zu befassen und nicht den Mut zu verlieren, wenn man nicht sofort die Antwort findet. Deshalb habe ich beschlossen, sie aufzuschreiben.

In diesem Buch teile ich einige der großen Fragen, die ich mir im Laufe des Lebens gestellt habe, mit dir. 333 Fragen, um genau zu sein. Sie entspringen den Gedanken, die mich innerlich beschäftigen. Einige davon habe ich mir selbst gestellt, einige habe ich anderen gestellt und viele sind eigentlich an Dritte gerichtet, aber ich bin noch nicht dazu gekommen, sie laut auszusprechen. Manche waren für mich sehr bedeutsam, manche sind es immer noch, und manche haben die Menschen um mich herum verändert. Alle bleiben jedoch präsent. Und jetzt sind sie hier versammelt, damit auch du sie dir stellen kannst. Du wirst Einblick in meine ureigenen Gedanken bekommen. Vielleicht kannst du einige davon nachempfinden. Vielleicht inspirieren sie dich. Vielleicht sind sie der Anstoß für lange Gespräche. Vielleicht helfen sie dir oder vielleicht fühlst du dich in bestimmten Lebenslagen nicht mehr so allein.

So oder so hoffe ich, dass du aus diesem Buch irgendetwas mitnimmst, was dir im Leben oder auch nur in diesem Augenblick weiterhilft – was auch immer es sein mag.

1. Identität

Was macht dich aus?

Was passiert,
wenn dein Herz etwas von dir verlangt,
dein Kopf aber etwas anderes will?

Kontrollierst du deine Gedanken
oder kontrollieren deine Gedanken dich?

Warum sind die Versprechen, die du dir selbst gibst,
immer am schwersten zu halten?

Musstest du jemals eine Entscheidung treffen,
die dir das Herz brach,
aber deine Seele heilte?

Bist du wirklich glücklich
oder tust du nur so?

Wann solltest du aufhören,
andere an die erste Stelle zu stellen?

Weiß denn irgendjemand wirklich,
was er tut?

Welche Erinnerung macht dich sehr traurig,
aber gleichzeitig auch sehr glücklich?

Wäre dein jüngeres Ich stolz auf das,
was aus dir geworden bist?

Wann fühlst du dich am wohlsten
in deiner Haut?

Was ist das Wichtigste,
was du bisher im Leben gelernt hast?

Wer bin ich eigentlich?

Wie oft hast zu etwas *Ja* gesagt,
obwohl du lieber *Nein* gesagt hättest?

Geheimnisse bewahren zu können –
ist das etwas Gutes oder Schlechtes?

Worin verlierst du dich?

Wünschst du dir manchmal,
du könntest dich noch ein einziges Mal so fühlen
wie an einem bestimmten Punkt in deiner Vergangenheit?

Wie soll ich mit allem klarkommen,
wenn ich nicht einmal mit mir selbst klarkomme?

Halte ich an etwas fest,
was ich eigentlich loslassen müsste?

Gibt es etwas, was *nur du* tun kannst?

Wenn dein Leben vor deinen Augen ablaufen würde,
wäre das ein guter Film?

Wofür möchtest du in Erinnerung bleiben?

Hast du dich schon gefunden

oder suchst du noch?

Zwinge ich mich,
zu einer Person zu werden,
die ich gar nicht bin?

Wie unterschiedlich sind die Versionen von mir,
die in den Köpfen der anderen leben?

Hörst du *wirklich* zu?

Warum verstehst du nicht,
dass du zu wertvoll bist,
um zweite Wahl zu sein?

Hast du dir heute
schon etwas Gutes getan?

Gibt es etwas,
was dir viel bedeutet,
was andere aber nicht so richtig verstehen?

Hast du dich schon mal
vor dir selbst gefürchtet?

Was, wenn ich nicht die Person bin,
für die ich mich gehalten habe?

Hast du es jemals satt, nett zu sein?

Schon mal darüber nachgedacht,
dir selbst zu vergeben
statt immer nur den anderen?

Warum ist in meinem Kopf immer so viel los?

Könnte es sein, dass du gar nicht so stark bist,
wie du immer tust?

Worüber denkst du vor dem Einschlafen nach?
Und was fällt dir als Erstes ein,
wenn du morgens aufwachst?

Wenn du eine bestimmte Erinnerung
aus deinem Hirn löschen könntest,
welche wäre das?

Geht es dir gut?

Wann hast du dich das letzte Mal
für etwas belohnt?

Wie unterscheidet sich deine öffentliche Seite
von deiner privaten?

Warum ich?

Tue ich denn irgendetwas
gegen das,
was mich stört?

Ist es nicht manchmal das Allerbeste,
mit sich selbst allein zu sein?

Was magst du an dir am liebsten?

Wie viel glücklicher wäre dein Leben,
wenn du aufhören würdest,
über jede Kleinigkeit nachzudenken?

Bist du dort, wo du sein müsstest?

Zeit ist kostbar.
Also wage die Frage:
Wer ist *wirklich* deine Zeit wert?

Ist es nicht leicht, sich selbst zu verlieren?

Was wäre, wenn du dich selbst so sehr lieben würdest, dass du dich gar nicht verlieben musst?

Warum suchst du immer wieder
bei anderen Menschen
nach Antworten?

Ist dir bewusst, dass es Menschen gibt,
die ohne dich nicht leben können?

Vielleicht, nur vielleicht …

hast du etwas Besseres verdient?

Wenn Kameras schon die Schönheit des Nachthimmels
nicht einfangen können,
wie sollten sie dann deine Schönheit einfangen?

Denkst du nicht, wir treffen jede unserer Entscheidungen aus einem bestimmten Grund?

Brauchst du das Gefühl, alles im Griff zu haben,
oder kannst du darauf vertrauen,
dass schon alles klappen wird?

Wie wäre wohl ein Treffen mit dir selbst?

Schon mal versucht,
Zeit nur mit dir selbst zu verbringen?
Kein Handy, kein Buch, keine Musik,
keine Ablenkung – nur du und deine Gedanken?

Bist du geheilt oder nur abgelenkt?

Sorgst du inzwischen für dich selbst
oder arbeiten wir noch daran?

Warum entschuldigst du dich für jede Kleinigkeit,
als ob du schuld daran wärst?

Wer könnte uns besser kennen,
als wir uns selbst kennen?

Denke
ich
schon
wieder
zu
viel?

Schon mal versucht, dich selbst so zu sehen,
wie du andere Menschen siehst?
Bist du zu anderen genauso hart wie zu dir selbst?

Du weißt, dass du niemanden zwingen kannst,
deinen Wert zu erkennen, oder?

Jetzt mal ehrlich ... was kümmert es dich?

Wie soll ich erklären,
was in meinem Kopf vorgeht,
wenn ich es selbst nicht verstehe?

Bin ich ein guter Mensch?

Wieso bin ich so gut darin, Ratschläge zu geben,
aber so schlecht darin, welche anzunehmen?

Bist du immer noch du,
wenn du dich in einem bestimmten Licht siehst,
aber alle anderen dich anders sehen?

Wenn wir uns verlieren können,
können wir uns doch auch wiederfinden, oder?

2. Beziehungen

Wie kommt es, dass die Zeit nie reicht,
egal wie viel davon wir miteinander verbringen?

Ist es nicht verrückt,
dass du eine Million Wahlmöglichkeiten hättest,
dich aber immer
für den einen Menschen entscheiden würdest?

Vermisse ich dich
oder vermisse ich das Gefühl,
das du mir gegeben hast?

Warum sind wir in Gegenwart der Menschen,
denen wir am meisten zu sagen haben,
immer am schweigsamsten?

Kann ein Spiel aus Lügen jemals gewonnen werden?

Müssen wir womöglich erst auseinandergehen,
um zu erkennen,
wie sehr wir wieder zusammenfinden müssten?

Diese Person, mit der du den ganzen Tag lang sprachst –

wo ist sie jetzt?

Warum bist du so schwer zu hassen?

Hat dich jemals jemand furchtbar verletzt,
aber du konntest trotzdem nicht aufhören,
diese Person zu lieben?

Bewahrst du noch Geheimnisse von Leuten,
die dir den Rücken gekehrt haben?

Warum habe ich das Gefühl,
dass du mich umso weniger brauchst,
je mehr ich dich brauche?

Wann bist du zu jemand anderem geworden?

Ist es nicht komisch, dass wir uns manchmal
mit dem Allernötigsten zufriedengeben,
obwohl es Menschen gibt,
die alles für uns geben würden?

Musstest du dich jemals
zwischen zwei Menschen entscheiden
und hast dann beide verloren?

Woran denkst du,

wenn du meinen Namen hörst?

Wie kommt es, dass diejenigen, die sagen,
dass sie mich nie verlassen werden,
dann doch genau das tun?

Ist es falsch, dass ich noch Hoffnung für dich hege?

Bist du wirklich darüber hinweg
oder bist du noch dabei, es dir einzureden?

Kennst du das Gefühl,
unheimlich viel von einem Menschen zu erwarten,
nur weil du unheimlich viel für ihn tun würdest?

Kann man über eine Liebe hinwegkommen,
ohne sie zu verlieren?

Ist es nicht komisch, dass man jeden Tag
an jemanden denken kann,
ohne dass derjenige es je erfährt?

Liegt die Antwort nicht darin, wie sie dich behandeln?

Was denkst du *wirklich* über diese eine Person?

Warum sollte dich jemand mögen,
wenn du dich selbst nicht magst?

Kannst du mir bitte sagen, wie ich mit dir sprechen soll?

Wann wurde aus der Gutenachtnachricht ein »Ok, bye«?
Wann wurde aus »Ich vermisse dich« ein »Sry, bin busy«?
Wann wurde aus »Ich liebe dich«
ein »Hast du mich je geliebt«?

Was, wenn ich nur davor Angst habe,
dich mit jemand anderem zu sehen?

Haben wir das wirklich alles durchgemacht,
nur um wieder zwei Fremde zu werden?

Schon mal an euer erstes Kennenlernen gedacht
und es mit eurem Zusammensein heute verglichen?

Was machst du, wenn du nicht hier bist?

Möchtest du bis 5 Uhr morgens mit mir Sterne gucken?
Möchtest du meine Hand halten,
wenn ich auf dem Beifahrersitz sitze?
Möchtest du in meinen Armen
einschlafen und zu unserer Lieblingsmusik
tanzen und mich im Regen küssen?
Möchtest du das?

Werden wir jemals so miteinander reden können,
wie wir es früher konnten?

Denkst du in der Nacht an mich?

Hast du mich wirklich verlassen, weil es so besser war
oder weil du mich nicht mehr brauchtest?

Wieder und wieder spielten wir das Spiel der Liebe
und rate mal, wer gewonnen hat?

Warum suche ich in allen anderen immer noch nach dir?

Wenn diese eine Person morgen sterben würde,
würdest du bereuen, was du gesagt hast?
Oder was du nicht gesagt hast?

Willst du mehr von mir,
wenn ich so tue, als ob ich weniger von dir wollte?

Hast du dir jemals gewünscht,
so viel Liebe zu bekommen, wie du gibst?

Hast du dich jemals
in deine Vorstellung von einem Menschen verliebt
anstatt in den Menschen selbst?

Kannst
du
bitte
für
immer
bleiben?

Ist es nicht komisch,
dass wir immer wieder Leute in Schutz nehmen,
die uns immer wieder ihr wahres Gesicht zeigen?

Denkst du genau so über mich,
wie ich über dich denke?

Gibt es etwas Schmerzhafteres als mitzuerleben,
wie der Mensch, den man will,
jemand anderen will?

Wie lange spielst du dieses Spiel schon mit mir?

Wünschst du dir manchmal,
du könntest einen bestimmten Menschen
noch ein letztes Mal umarmen?

Ist keine Antwort nicht auch eine Antwort?

Kann es sein, dass wir, auch wenn wir uns lieben, einfach nicht die Richtigen füreinander sind?

Kann man mehr als einen Menschen
auf einmal lieben?

Schon mal daran gedacht,
dass du, indem du jemanden verlierst,
dich selbst finden könnest?

Wieso ist alles an dir so perfekt?

Hast du dieser einen Person wirklich vergeben
oder hast du nur so getan,
weil du sie in deinem Leben behalten willst?

Hast du wirklich keine Zeit
oder vergisst du mich zwischendurch?

Hast du dich schon mal verabschiedet,
nur um »Bitte geh nicht!« zu hören?

Weißt du überhaupt,
wie viel du mir bedeutest?

Kannst du mir bitte in die Augen schauen
und mir einfach die Wahrheit sagen?

Erinnerst du dich an das erste Mal, als du diese eine Person lächeln sahst? Eure erste Berührung? Die ersten Worte an dich? Wie das Herz in deiner Brust ausrastete, während ihr euch angeschaut habt?

Wirst du meine Hand nehmen
und mit mir diesen Weg gehen?

Du weißt, dass du nie jemanden
um eine Beziehung anbetteln darfst, oder?

Vermisst du manchmal jemanden,
erinnerst dich dann aber daran,
warum diese Person nicht mehr Teil deines Lebens ist?

Du hast also meine Gereiztheit bemerkt,
aber nicht, dass du sie verursacht hast?

Du kannst meine Nummer löschen,
unsere Fotos und Verabredungen,
aber wie willst du die Erinnerungen löschen?

Wenn es ihnen wirklich wichtig wäre,
würden sie es dir dann nicht zeigen wollen?

Kannst du mir versprechen,
keine Versprechungen zu machen?

Ist es nicht das Allerschlimmste,
wenn man jemandem unbedingt
etwas erzählen möchte,
aber man sich nicht mehr nah genug ist,
sodass das komisch wäre?

Hast du dich schon mal dabei ertappt,
wie du jemanden lächelnd anstarrtest,
weil du so verliebt warst?

Glaubst du wirklich,
du musst sie wieder in dein Leben lassen,
nur weil sie das wollen?

Kannst du dir ein gemeinsames
»für immer« vorstellen?

Wann wusstest du, dass du verliebt warst?

Hast du je gedacht, du wärst über jemanden hinweg,
dann aber beim Wiedersehen gespürt,
wie dir das Herz in der Brust zersprang?

Warum lässt du andere immer wieder
Spielchen mit dir spielen?

Kennen sie deine verrücktesten Geschichten
oder habt ihr sie zusammen erlebt?

Wie viel mehr Einseitigkeit kann ich noch ertragen?

Hast du dich schon einmal verabschiedet,
ohne zu wissen, dass es das letzte Mal sein würde?

Werde ich dich jemals nicht in meinem
Leben haben wollen?

Was ist schlimmer:
jemanden verlassen zu müssen, den man liebt,
oder von jemandem verlassen zu werden, den man liebt?

Würdest du lieber jemand anderen aufgeben
oder dich selbst?

Versprochen ist versprochen?

3. Kummer

Wie kann es sein, dass man sich manchmal so allein fühlt,
wenn es doch so viele Menschen auf der Welt gibt?

Weißt du überhaupt,
wie oft du gesagt hast, dass es dir gut geht,
obwohl das wirklich nicht stimmte?

Fühlst du dich manchmal einfach … *festgefahren*?

Was, wenn wir noch ein letztes Mal
mit denen sprechen könnten, die wir verloren haben?

Warum fühlt sich jeder Tag gleich an?

Ich mache so irre viel …

Warum habe ich immer noch das Gefühl,
dass es nicht reicht?

Habe ich das Recht zu fühlen,
was ich fühle?

Warum ergibt es Sinn, wenn ich es denke,
aber nicht mehr, sobald ich es laut ausspreche?

Ist es nicht ermüdend,
immer funktionieren zu müssen?

Hast du manchmal das Gefühl, dass alles in Ordnung ist
und gleichzeitig nichts in Ordnung ist?

Wie hilft man Menschen,
die nicht wollen, dass ihnen geholfen wird?

Wenn Gutes Zeit braucht,
warum fühlt es sich dann an,
als wäre unsere Zeit schon abgelaufen?

Selbst wenn ich aus vollem Halse schreie –

warum hörst du mich nicht?

Wie bin ich hier nur gelandet?

Warum ist es so schwer,
Gefühle in Worte zu fassen?

Was ist das Netteste, was ich für mich tun kann,
wenn ich mich ungut fühle?

Was zum Teufel stimmt mit mir nicht?

Ist es nicht grausam, dass die Person,
die immer alle glücklich machen möchte,
am Ende oft am einsamsten ist?

Kann etwas Zerbrochenes noch schön sein?

Warum habe ich ständig das Gefühl,
dass mich alle hassen und dass alles meine Schuld ist?

Wann
hört
das
auf?

Erinnerst du dich an eine Zeit,
in der alles viel einfacher war?

Hast du schon mal im Bett gelegen
und so heftig geweint,
dass du dir den Mund zuhalten musstest,
um nicht gehört zu werden?

Werde ich wahnsinnig?

Wieso bringe ich mich immer in Situationen,
aus denen ich dann nicht mehr herauskomme?

Siehst du nicht, wie sehr ich leide?

Was, wenn es keinen richtigen Weg gibt?

Wenn alles aus einem bestimmten Grund passiert,
kann mir dann jemand erklären,
warum dies hier geschieht?

Woher kommt nur diese Wut?

Findest du nicht auch,
dass dies eine Art von Schmerz ist,
die du nicht
verspüren solltest?

Warum gehst du nie ans Telefon,
wenn ich dich brauche?

Kann mir irgendjemand sagen,
was ich falsch mache?

Es heißt doch, am Ende
kommen sie alle zurück …

Warum bist du dann nicht zurückgekommen?

Warum ändert sich nie etwas,
egal, wie sehr ich mich anstrenge?

Akzeptierst du manchmal deine negativen Gefühle,
anstatt einfach mit jemandem darüber zu reden –
nur weil du nicht nerven willst?

Bin ich der Grund,
warum mir solche Sachen
immer wieder passieren?

Wird es *jemals* einfach sein?

Wie würde ich mich jetzt wohl fühlen,
wenn ich alles hätte sagen können,
was ich sagen wollte?

Warum belügst du dich selbst immer wieder?

Wie könnten wir
ohne die Dunkelheit
die Sterne sehen?

Wie oft musstest du schon über etwas hinwegkommen,
was du gar nicht verschuldet hattest,
ohne dafür eine Entschuldigung bekommen zu haben?

Schaust du dir manchmal
alte Bilder oder Videos an und erkennst,
wie gut das Leben früher war?

Kannst du bitte zurückkommen?

Fühlst du dich manchmal
wegen deiner eigenen Gedanken dumm?

Erwartest du wirklich von trauriger Musik,
dass sie dir aus trauriger Stimmung heraushilft?

Ist es denn nicht etwas Gutes,
viele Gefühle zu haben?

Bedeutet *leben*
nicht viel mehr,
als am Leben zu sein?

Würden wir noch wissen,
wie sich Glück anfühlt,
wenn wir nie traurig wären?

Fällt es dir manchmal schwer,
selbst die leichtesten Aufgaben zu erledigen?

Bist du schon mal dem Spiegel aus dem Weg gegangen,
weil du deinen eigenen Anblick
einfach nicht ertragen konntest?

Warum sollte man verheilende Wunden wieder öffnen?

Sind Alleinsein
und Einsamkeit
das Gleiche?

Warum gebe immer nur ich mir
die ganze Scheißmühe?

Kannst du mich bitte in den Arm nehmen
und mir sagen,
dass alles gut wird?

Was, wenn wir, statt zu betrauern, dass es vorbei ist,
wertschätzen, dass es passiert ist,
und daraus mitnehmen, so viel wir können?

Wie oft kann einem
die gleiche Sache
das Herz brechen?

Was hält uns am Laufen,
wenn wir am Tiefpunkt sind?

Fühlst du dich manchmal richtig glücklich,
aber gleichzeitig
auch richtig traurig?

Haben wir es nicht alle manchmal schwer?

Was, wenn all das Schlimme,
das dir gerade passiert,
der Grund dafür ist, dass du eines Tages
unendlich glücklich werden wirst?

4. Leben

Hast du eher Angst vor Veränderungen
oder davor, dass alles bleibt, wie es ist?

Warum bleibt immer so wenig Zeit für das,
was uns das Gefühl gibt zu leben?

Lohnt es sich wirklich,
an etwas festzuhalten,
wenn man dadurch sich selbst verliert?

Was, glaubst du,
wollen deine Träume dir sagen?

Warum braucht das Herz so viel mehr Zeit,
um zu akzeptieren, was der Verstand bereits weiß?

Kann man es irgendwie umgehen,
erwachsen zu werden?

Was ist der wichtigste Grund dafür,
dass du morgen aufwachst?

Hast du schon mal in ein vorbeifahrendes Auto
oder in die Fenster eines Hauses geschaut
und dir vorgestellt, was die Leute da drinnen machen?
Wie ist ihr Leben? Worum geht es in ihren Gesprächen
und was sind ihre Ziele und Bestrebungen?
Was ist ihre Geschichte?

Was wäre, wenn der Tag 48 Stunden hätte?

Ist es nicht komisch,
dass wir die Blicke anderer
auf unserer Haut spüren können?

Warum fühlt sich mit dem Älterwerden

jedes Jahr ein wenig kürzer an?

Wie viele Fehler kann man machen,
bevor es kein Zurück mehr gibt?

Warum hören wir mit Tätigkeiten auf, die wir lieben,
nur weil man uns sagt,
wir seien »zu alt dafür«?

Kannst du deine Zukunft wirklich planen?

Macht es dir angesichts der Größe
des Universums manchmal Angst,
wie klein wir in Wirklichkeit sind?

Was ist der Unterschied
zwischen Leben und Existieren?

Ist dir aufgefallen, wie sich Menschen verändern,
wenn sie von dir nicht bekommen,
was sie wollen?

Was, wenn alles, was es bräuchte,
nur ein bisschen mehr Zeit wäre?

Ist es nicht komisch, dass du nach dem Schulabschluss
auf einmal Dinge tun musst,
ohne dass sie dir jemand erklärt hat?

Gibt es überhaupt
den »perfekten Zeitpunkt«,
um etwas zu tun?

Warum solltest du dir
mehr als fünf Minuten lang
über etwas Sorgen machen,
was in fünf Jahren
keine Rolle mehr spielt?

Was sind kleine Dinge, die du liebst?

Wovon möchtest du später unbedingt
deinen Enkeln erzählen?

Ist das Leben wirklich schwer?
Oder machen wir es uns schwer?

Wie spielt man ein Spiel ohne Regeln?

Wir wählen das, womit wir uns umgeben,
nach seinem Aussehen aus, aber was passiert,
wenn das Aussehen verblasst?

Wie würde unser Planet aussehen,
wenn es nie Menschen gegeben hätte?

Weißt du noch,
wie nur ein paar Plastikfiguren und deine Fantasie
für stundenlange Unterhaltung sorgen konnten?

Ist die Sache es wert?

Möchtest du manchmal alles hinter dir lassen
und einfach irgendwohin ziehen, weit, weit weg?

Was gibt irgendjemandem das Recht,
sich in *dein* Leben einzumischen?

Ist es nicht komisch,
dass die kleinsten Dinge
manchmal die größte Wirkung haben?

Wie entkommt man der Realität?

Musstest du schon mal
etwas für dich behalten in dem Wissen,
dass du *nie* mit irgendjemandem
darüber sprechen können wirst?

Was macht einen Ort zu einem Zuhause?

Schaust du dir manchmal Vögel an und fragst dich,
wie sich ihre Freiheit anfühlt?

Wir werden nicht ewig hier sein.
Meinst du nicht, du solltest deine Chance nutzen?

Wartest du immer noch auf etwas,
von dem du weißt, dass es nie passieren wird?

Wie schlimm kann es noch kommen?

Wo wärst du gern in diesem Augenblick?

Warum sollte ich irgendetwas bereuen,
wenn man sowohl aus dem Guten als auch aus dem
Schlechten im Leben lernen kann?

Inwieweit bestimmst du
den Lauf deines Lebens
tatsächlich selbst?

Was, wenn das alles gar nicht real ist?

Fühlt es sich nicht schrecklich an,
wenn du unbedingt etwas ändern willst,
es aber einfach nicht in deiner Macht steht?

Erinnerst du dich
an die unbeschwerte Leichtigkeit,
die wir als Kinder hatten?
Warum ist sie verschwunden?

Wann ist es akzeptabel,
das Gesetz zu brechen?

Ist es nicht grausam,
dass die schwierigsten Entscheidungen
oft die wichtigsten sind?

Was will das Leben von mir?

Wenn wir zu sehr der Vergangenheit verhaftet bleiben,
verpassen wir dann nicht all das Großartige,
das direkt vor unseren Augen
in der Gegenwart passiert?

Ist es schlimm,
dass ich ab und zu einfach mal
eine Pause brauche?

Weißt du überhaupt,
wie viel du nicht weißt?

Geld?

Sex?

Erinnerungen?

Beziehungen?

Spaß?

Worum geht es im Leben eigentlich?

Familie?

Frieden?

Glaube?

Erfolg?

Erfahrungen?

Warum geht das Leben so schnell?

Ist es nicht beängstigend, wie verletzlich wir sind –
nur Fleisch, Blut und Knochen, mehr nicht?

Hätte denn irgendeine der verpassten Chancen zu etwas Besserem geführt?

Bei welchen Dingen würdest du es bereuen,
wenn du sie nicht tätest?

Wird ein gewisses Maß an Bewusstsein
nach meinem Tod noch weiterexistieren?

Wenn du einen Neuanfang wagen könntest,

würdest du es tun?

Warum erkennen wir die »gute Zeit« erst,
wenn sie hinter uns liegt?

Kann man alles haben
und gleichzeitig nichts?

Was, wenn unsere Träume eigentlich die Wirklichkeit
sind, aber so seltsam und verworren wirken,
dass wir uns in das zurückziehen,
was wir »Realität« nennen?

Warum bringen sich Menschen bei etwas ein,
was ihnen nichts einbringt?

Warum vermissen wir Dinge,
die schlecht für uns sind?

Ist
dies
der
Zeitpunkt,
um
loszulassen?

Ist nicht das Beste im Leben
immer genau das,
was wir nicht geplant haben?

5. Erfolg

Wenn du die Augen schließt,
siehst du dann Dunkelheit
oder malst du Bilder?

Warum tust du, was du tust?

Wie weit würdest du gehen,
um weit zu kommen?

Schon mal gedacht:
»Das schaffe ich nie«,
und es dann trotzdem geschafft?

Ist es schlimmer zu scheitern, als es nie zu versuchen?

Und wenn der Schmerz von heute

die Kraft von morgen ist?

Warum habe ich solche Angst,
Dinge aufzugeben,
die mich ganz bestimmt nicht dort hinbringen,
wo ich hinwill?

Kann der Perfektionismus
die Perfektion töten?

Ist es nicht komisch,
dass wir uns manchmal einfach so von Leuten lösen,
obwohl wir einst überzeugt waren,
ohne sie nicht leben zu können?

Was willst du im Leben *am meisten*?

Warum rede ich mir immer wieder Dinge aus,
die mich begeistern?

Was, wenn du der Mensch bist,
auf den du gewartet hast?

Warum erwartest du,
in eben der Umgebung, die dich krank gemacht hat,
gesund zu werden?

Nutze ich meine Zeit sinnvoll?

Mit Blick auf deine Arbeitsweise –
würdest du dich einstellen,
wenn du ein Unternehmen hättest?

Wann hast du aufgehört,
deine Träume zu verfolgen?

All diese Erwartungen …

kommen sie von anderen
oder von dir selbst?

Wo möchtest du
in fünf Jahren sein?

Bei allen Sorgen um die Zukunft –
hast du dir auch mal Zeit genommen,
um innezuhalten und darauf zu schauen,
wie weit du bereits gekommen bist?

Glaubst du, du könntest die Sterne berühren,
wenn du dich nur weit genug zu ihnen ausstreckst?

Gibt es etwas Frustrierenderes,
als nicht ernst genommen zu werden?

Wann hast du das letzte Mal
deine Komfortzone verlassen?

Hast du schon mal eine großartige Idee gehabt,
die dich richtig begeistert hat,
aber dann eines Tages vor deinen Augen gestorben ist?

Scheiterst du noch

oder lernst du schon?

Soll ich einfach so tun als ob,
bis es eines Tages wirklich so ist?

Warum
will
ich
immer
noch
mehr?

Ich habe so viele
Träume und Ziele,
warum verschwende ich
immer noch meine Zeit?

Werde ich diese Chance je wieder haben?

Wenn du etwas willst,
warum fängst du nicht an,
danach zu greifen?

Wofür bewundern dich andere?

Tust du es,
um dich selbst glücklich zu machen ...

...oder tust du es
für jemand anderen?

Hast du heute genug Wasser getrunken?

Kannst du dir auch nur annähernd vorstellen,
wozu du fähig bist?

Woher weiß ich,
welchen Weg ich gehen soll?

Wenn du ein Buch über dein Leben schreiben müsstest,
bekämst du dann alle Seiten voll?

Was hast du zu verlieren?

Warum vergesse ich so schnell,
dass das Leben kein Wettrennen ist
und ich alles in meinem Tempo machen kann?

Wieso zweifle ich andere nie an,

nur mich selbst?

Schon mal bemerkt,
dass wir nicht durch andere
glücklich werden können,
sondern nur durch uns selbst?

Umgibst du dich mit
Gegenständen, Menschen und Situationen,
die dir guttun?

Woher
kommt diese
ständige Unruhe?

Sei dankbar, heißt es –
aber wo soll ich anfangen,
wenn es doch so vieles gibt,
wofür ich dankbar sein kann.

Tut mir leid,
aber was ist so falsch daran,
wenn ich es auf meine Art mache?

Wie soll ich herausfinden, was ich will,
wenn ich jeden Tag etwas anderes will?

Raus mit der Sprache –

wovor hast du solche Angst?

Warum versuchst du, Leute zu beeindrucken,
die dir egal sind?

Bist du hier, weil du hier sein *willst*
oder weil du meinst, hier sein zu *müssen*?

Was würdest du tun,
wenn du nicht so viel Angst hättest?

Mal wieder frage ich mich …

Warum lasse ich es immer wieder zu,
dass andere meine Zeit verschwenden?

Was hält dich davon ab,
dein eigenes bestes Vorbild zu sein?

Hätten wir Angst zu fallen,
wenn wir wüssten,
dass wir gar nicht unten aufschlagen?

Steckst du deine Energie
in die richtigen Dinge?

Woher willst du es wissen,
wenn du es gar nicht versuchst?

Was, wenn die Türen, die sich uns verschließen,
keine verpassten Chancen sind,
sondern günstige Zufälle,
die uns davon abhalten,
das falsche Zimmer zu betreten?

Vielleicht wird es Zeit,
dass ich mich wie der Mensch verhalte,
der ich sein möchte?

An alle, die mir gesagt haben, dass ich scheitern würde:
Wie fühlt es sich an, meine Erfolge zu sehen?

Wie öde muss ihr Leben sein,
dass sie sich so sehr
um deines kümmern?

Hast du dich je gefragt, wo du heute stehen würdest,
wenn du irgendetwas scheinbar Unwichtiges
anders entschieden hättest?

Warum hast du solche Angst davor,
es noch mal zu versuchen?

Was kann ich *jetzt* tun,
um meinem Ziel
einen Schritt näher zu kommen?

Danksagung

Ohne die Unterstützung bestimmter Menschen aus meinem Umfeld wäre dieses Buch nicht das Buch, das es ist. Vorneweg möchte ich meiner Lektorin Megan Bowen danken, die ihre wertvolle Zeit geopfert hat, um aus diesem Buch die bestmögliche Version seiner selbst zu machen. Danke, dass du meine Ideen unterstützt hast und immer bereit warst zu helfen, wo du konntest. Außerdem möchte ich Kaye Jorga für das wundervolle Coverdesign danken und Frank Jorga für die Geduld, die er mit mir hatte. Das ist nur der Anfang, versprochen. Großes ist im Anmarsch.

Danken möchte ich auch Julia Schoch, die für mich ein ganz besonderer Mensch ist. An dir, Julia, schätze ich, dass ich immer darauf zählen kann, dass du dich für meine Projekte interessierst, und dass auf deine ehrliche Meinung immer Verlass ist.

Zu guter Letzt gilt ein großes Dankeschön meiner lieben Freundin Emily Rehak, die mir beim Schreiben dieses Buches die wichtigste Unterstützerin war. Danke, dass du dich für meine Projekte noch mehr begeisterst als ich selbst. Danke, dass du stundenlang mit mir über meine Ideen diskutiert hast. Danke für all die Mühe, Liebe und Unterstützung, die du in diese Idee gesteckt hast, und danke, dass du mich dazu gebracht hast, immer mein Bestes zu geben. Du bist ein wahrer Segen in meinem Leben.

Aber den größten Dank schulde ich vor allem *dir*! Vielen Dank, dass du mein Buch gelesen oder auch nur überflogen hast. Es ist mir ein ganz persönliches Anliegen, diese Gedanken mit dir zu teilen, aber ich weiß auch, dass es sicherlich viele Menschen gibt, denen es ähnlich geht, die die gleichen Gedanken haben und sich die gleichen Fragen stellen wie ich.

Ich hoffe, dass dieses Buch vielleicht jemandem hilft, sich weniger allein zu fühlen und nicht mehr scheinbar der Einzige zu sein, der solche Gedanken hat. Ich hoffe, dass dieses Buch dich inspiriert und zum Nachdenken angeregt hat. Ich hoffe, dass vielleicht jemand diese Fragen nutzt, um sinnbringende Gespräche mit anderen zu beginnen. Ich hoffe, dass sich vielleicht jemand beim Lesen ein wenig besser kennengelernt hat. Auch wenn dir dieses Buch nur ein perfektes Zitat für Instagram geliefert hat, hoffe ich, dass vielleicht ein paar Fragen bleiben und dir bei deinen eigenen Gedanken um drei Uhr nachts weiterhelfen.

Ich hoffe, es hat dir Spaß gemacht, dieses Buch zu lesen, und vor allem hoffe ich, dass du einen Weg einschlägst, der gut für dich ist.

Nie vergessen:

Du bist genug, so wie du bist.

<3